Impressum

© 2024 Rosemarie Stampa
Idee und Gestaltung: Rosemarie Stampa
Layout: Rüdiger Richter

Herstellung und Verlag: BoD – Books on Demand, Norderstedt
ISBN: 978-3-759-702814

Vom Segnen

Rosemarie Stampa

Ich
will
dich
segnen
und
du
sollst
ein
Segen
sein.

1. Mose 12,2

Zueignung

Ich widme diese Broschüre
in Liebe meinem Neffen
und Patensohn Ulf, der
leider schon sehr früh ver-
storben ist. -

Möge er in Frieden ruhen!
Ich denke fast täglich
an Dich, lieber Ulf.

Rosemarie

Die Seele ernährt
sich von dem,
worüber sie sich freut.

Augustinus Aurelius

Vorwort

Es gibt viele Formen des Segnens.
- zur Geburt
- zur Konfirmation, oder Kommunion
- bei Krankheit
- vor einer Operation
- vor einer Reise
- zum Schulabschluss
- für einen Umzug
- zu einer neuen Arbeit
- für einen Sterbenden
- für einen Verstorbenen
- für einen guten Wettkampf

Ich habe hier einige persönliche Segnungen zusammen gestellt, die mich sehr erfreut und mir Kraft gegeben haben.

Inhaltsverzeichnis

Ach Herr, laß dein lieb Engelein
am letzten End die Seele mein
in Abrahams Schoß tragen!
Den Leib in sein'm Schlafkämmerlein
gar sanft, ohn einge Qual und Pein,
ruhn bis am jüngsten Tage.
Alsdann vom Tod erwecke mich,
daß meine Augen sehen dich
in aller Freud, o Gottes Sohn,
mein Heiland und Genadenthron,
Herr Jesu Christ, erhöre mich,
erhöre mich, ich will
dich preisen ewiglich.

Schlusschor aus der Johannes-Passion
von Johann Sebastian Bach

Soli Deo Gloria

So hat der große
Thomaskantor
Johann Sebastian Bach
alle seine wunderbaren
Werke gesegnet.

Musik
ist
Liebe

Wolfgang Amadeus
Mozart

Musik ist Liebe

Und als er (Mozart)
die Welt verließ,
war sie neu,
bereichert und durch
seinen Besuch gesegnet.

Leonard Bernstein
über
Wolfgang Amadeus
Mozart

Gott
segne
dieses
Haus -
und
alle,
die
da
gehen
ein
und
aus.

Haussegen

Mit Gott!

So hat
Walter Richter,
der Vater der
Autorin, seine
Buchhaltung
überschrieben.

Und mit dem Wort des Hiob (1,21)

Der Herr hat's gegeben,
der Herr hat's genommen,
der Name des Herrn sei gelobt,
hat er seine tiefe
Religiosität ausgedrückt,
nachdem er seine
Heimat und seinen
gesamten Besitz
verloren hatte.

Unser täglich
Brot gib uns
heute.

aus dem
Vaterunser

Unser täglich Brot gib uns heute!

Eine besonders
schöne Erinnerung
aus meiner Kindheit
ist, wie meine liebe
Mutter einen Laib
Brot mit einem Kreuz
gesegnet hat,
bevor sie es
angeschnitten hat. -

Das war für uns
Kinder sehr feierlich
und sehr schön.

Komm, Herr Jesus,
sei du unser Gast,
und segne, was du
uns bescheret hast.

Tischgebet

Danket dem Herrn,
denn er ist freundlich;
und seine Güte
währet ewiglich.

Psalm 136,1

Tischgebet:

Ich bin mit meinen
4 Geschwistern bei
meinen Eltern
aufgewachsen.
Wir haben viel Liebe
und Gebete mit
Segen erleben dürfen.

Vor den Mahlzeiten
hat einer von uns
Kindern ein Tischgebet
gesprochen.
Auch nach dem Essen
wurde gebetet.

Danach haben wir
uns in fröhlicher Runde
die Hände gereicht und:
„Wir danken" gesagt.

Mein Lieblings -
Kindergebet war:

Gott, laß dein Heil uns schauen,
auf nichts Vergänglichs trauen,
nicht Eitelkeit uns freuen!
Laß uns einfältig werden
und vor dir hier auf Erden
wie Kinder fromm und fröhlich sein.

aus
Der Mond ist aufgegangen
von
Matthias Claudius

Abendgebet

Abends durften wir
Kinder uns ein
Lieblingsgebet und
ein Lieblingsabendlied
aussuchen, das unsere
liebe Mutter dann
mit uns gebetet hat und uns
danach das Lieblingslied
vorgesungen hat. -

Das war sehr schön.

Ich
lasse
dich
nicht,
du
segnest
mich
denn.

1.Mose 32,27

Väterlicher Segen

Ein besonderes Erlebnis ist der Segen
meines Vaters. Als mein Vater schon
über 80 Jahre alt war, half ich ihm
beim Ausziehen seiner Kleidung und
seines Bruchbandes. Als er dann friedlich
im Bett lag, haben wir gemeinsam das
Vaterunser gebetet. - Das war schön,
aber nichts besonderes. Das haben wir
immer so gemacht, wenn
ich bei ihm zu Besuch war.

An diesem Abend sagte er nach dem Gebet:
„Der Herr segne dich und behüte dich;
der Herr lasse sein Angesicht leuchten
über dir und sei dir gnädig; der Herr
erhebe sein Angesicht über dich
und gebe dir Frieden".
4.Mose 6,24-26

Ich kniete wie immer vor seinem Bett,
so daß er seine Hände auf meinen Kopf legte.

Das war für mich ganz ergreifend
und hat sich in der Weise nicht
wiederholt. Für diesen väterlichen
Segen bin ich besonders dankbar.

Fürchte
dich
nicht,
denn
ich
habe
dich
erlöst;
ich
habe
dich
bei
deinem Namen
gerufen,
du
bist
mein!

Jesaja 43,1

Abschied

Als mein lieber und
sehr naher Bruder Eugen
bewusstlos im Bett lag,
stand ich an seinem Bett. -
Es hat so weh getan,
ihn so leiden und
sterben zu sehen.

Ich habe vorsichtig
seinen Kopf gestreichelt,
ein Lied gesummt und
dann die Worte aus
dem Jesaja gesprochen.
Obwohl mein Bruder
bewusstlos war hat er
den Text aufgenommen.
Dabei rannten ihm Tränen
über sein liebes Angesicht.
Er hat den wunderbaren
Text gehört und verstanden.

Der göttliche Segen
war Eugen's Reaktion
auf den Bibeltext.
Ich bin für diesen
Segen aus tiefster Seele
dankbar, daß uns das
geschenkt worden ist.

Einsegnungsspruch
meiner lieben Mutter:

Wenn ich nur dich habe,
so frage ich nichts nach
Himmel und Erde.
Wenn mir gleich Leib
und Seele verschmachtet,
so bist du doch, Gott,
allezeit meines Herzens
Trost und mein Teil.

Psalm 73, 25,26

Abschied von meiner Mutter

Ich konnte mich von meiner
lieben Mutter vor ihrem Tod nicht
verabschieden, weil ich sehr weit
von ihr entfernt wohnte.
Dennoch ist mir etwas
ganz Wunderbares
geschenkt worden.
Nach langen Gesprächen
mit der Krankenhausleitung,
die meinen Wunsch
nicht akzeptieren wollte,
habe ich meiner lieben Mutter
das Totenhemd anziehen
und ihre Hände falten dürfen.
Ich habe mich bei ihr für
alles bedankt und sie gesegnet. -
Sie sah so strahlend aus -
so glücklich, so schön.
Das war ein sehr liebevolles
Abschied nehmen, das tief
in mir verankert ist mit
großem Dank an Gott.
Liebe Mutter, ich danke Dir für
alles von ganzem Herzen,
und ich hab dich so lieb.

Rosemarie

Das Zeichen
von Bruder
David Steindl-Rast
für „Danke"

Danken

Bruder David Steindl-Rast,
ein Benediktinermönch, sprach
in seinem Vortag
über das Danken.
Er bedanke sich
täglich für „ganz
selbstverständliche“
Dinge wie warmes
Wasser, eine warme Heizung. -
Dann machte er ein Zeichen
an die Wandtafel, das Dank
ausdrücken sollte.
Es ist entstanden und
verwandt mit einem Kreuz.
Das Zeichen habe ich
mit Freude übernommen.
Ich „male“ das Zeichen
auf Briefe vor der Anrede oder auf
Briefumschläge vor der Adresse.
Das ist mein „Segen“
für den Adressaten,
und ich denke dabei
mit Dank an das Leben
und die Bücher von
Bruder David Steindl-Rast.

Möge dein Weg dir
freundlich entgegenkommen,
Wind dir den Rücken stärken,
Sonnenschein deinem Gesicht
viel Glanz und Wärme geben.
Der Regen möge deine Felder
tränken, und bis wir
beide, du und ich,
uns wiedersehen,
halte Gott schützend
dich in seiner
hohlen Hand.

Irischer Reisesegen

Dankbares
Singen und Beten

Mit meinem lieben Bruder
Wolfgang habe ich über
viele Jahre gesungen.
Das Singen in leeren
Kirchen, vor allem auf Sylt,
war für uns wie ein
Gottesdienst.

Wir haben abwechselnd
gesungen und Bibeltexte
auswendig aufgesagt.
Das war ganz wunderschön.
Vielen Dank, lieber Wolfgang!
Vielen Dank lieber Gott!

Rosemarie

An die Musik

Du holde Kunst, in
wieviel grauen Stunden,
wo mich des Lebens
wilder Kreis umstrickt,
hast du mein Herz zu
warmer Lieb' entzunden,
hast mich in eine
bessre Welt entrückt!

Oft hat ein Seufzer,
deiner Harf' entflossen,
Ein süßer, heiliger
Akkord von dir
Den Himmel bessrer
Zeiten mir erschlossen,
Du holde Kunst,
ich danke dir dafür.

Musik: Franz Schubert
Text: Franz von Schober

„Die Kunst ist das größte Geschenk Gottes“.

Nikolaus Harnoncourt,
der berühmte Dirigent, sagte
„die Kunst ist das größte
Geschenk Gottes“.

Auch für mich ist
die Kunst ein ganz
besonderes Geschenk.
Wenn ich an die Oratorien
von Johann Sebastian Bach,
die Schubert Lieder,
die Klavierkonzerte von
Ludwig van Beethoven,
an die Mozart Opern denke,
bin ich erfüllt von tiefer
Freude und Dank.

Auch Texte von
Matthias Claudius,
Martin Luther oder
Rainer Maria Rilke
lassen mich ebenso tief
dankbar werden.

Unser Leben
vor Gott ein
großer Gesang.

Rainer Maria Rilke

Danksagung

Ich danke meinem Schöpfer,
daß ich die Musik und die
Literatur so tief empfinden
kann, sie mich stärkt und
von Herzen erfreut. –

Und ich danke Gott besonders,
daß ich immer noch im
Gottesdienst die wunderbaren
Lieder und Arien z. B. von Bach
und Mozart singen darf
zur Ehre Gottes und zur
Freude der Gemeinde. –
Was für ein Geschenk!

Ich segne meine Verwandten,
Freunde und mich in
tiefer Dankbarkeit.

Last, but not least, danke
ich meinem lieben Neffen
Rüdiger Richter für die
Mitgestaltung dieser Broschüre.

Das ist ein köstlich Ding,
dem Herrn danken und
lobsingen deinem Namen,
du Höchster, des Morgens
deine Gnade und des Nachts
deine Wahrheit verkündigen.

Psalm 92,23

Danksagung

Ich danke meinem Schöpfer
für alle Segnungen. -
Was für ein Geschenk.
Ich danke meinen Eltern,
Geschwistern für gemeinsame
Erlebnisse und gemeinsame Segen.

Ich danke vor allem
Johann Sebastian Bach und
Wolfgang Amadeus Mozart
für alle segensreiche Musik.
Dieser Segen der Musik
begleitet mich mein ganzes
Leben und lässt mich dankbar
und demütig sein. Ich fühle
mich so unendlich reich
dadurch beschenkt.

Der Segen einer Bach Kantate
oder Arien aus der Johannes-Passion,
stärken mich in meinem Glauben
an Gott und geben mir
Kraft für jeden Tag

Was kann der
Schöpfer lieber sehen
als ein fröhliches Geschöpf.

Gotthold Ephraim Lessing

Nachwort

Ich bin von Herzen
dankbar für all die
ausgesprochenen und
unausgesprochenen
Segenswünsche. -

Was für ein Geschenk!
Segnen und gesegnet
werden ist eine große Kraft. -

Medikamente zu segnen
ist hilfreich. -
Vor allem Menschen zu
segnen und sich selbst
auch bringt eine
Veränderung und
oft Heilung.

Möge der Leser
dieser Broschüre
gesegnet sein!

Rosemarie Stampa